Doc Susie

Doctora de la montaña

Doc Susie

Doctora de la montaña

por Penny Cunningham

Filter Press, LLC
Palmer Lake, Colorado

Doc Susie: Doctora de la montaña

por Penny Cunningham

Publicado por Filter Press, LLC, conjuntamente con las Escuelas Públicas de Denver y Colorado Humanities

ISBN: 978-086541-113-5
LCCN: 2010937191

Producido con el apoyo de Colorado Humanities y la Fundación Nacional para las Humanidades. Las opiniones, resultados, conclusiones o recomendaciones expresadas en esta publicación, no representan necesariamente las de la Fundación Nacional para las Humanidades ni las de Colorado Humanities.

La fotografía de la portada es cortesía de History Colorado (10025815).

Impreso en los Estados Unidos de América

Serie Grandes vidas de la historia de Colorado

Para obtener información sobre los próximos títulos a publicarse, comuníquese con *info@FilterPressBooks.com.*

Helen Hunt Jackson por E. E. Duncan

Little Raven por Cat DeRose

Barney Ford por Jamie Trumbull

Doc Susie por Penny Cunningham

Enos Mills por Steve Walsh

William Bent por Cheryl Beckwith

Charles Boettcher por Grace Zirkelbach

Ralph Carr por E. E. Duncan

Josephine Aspinall Roche por Martha Biery

Robert Speer por Stacy Turnbull

Chief Ouray por Steve Walsh

Zebulon Pike por Steve Walsh

Clara Brown por Suzanne Frachetti

Contenidos

Cortesía de History Colorado (10025815)

Susan Anderson tenía 27 años cuando de graduó de la escuela de medicina.

El orgullo y gozo de Apá

Susan Anderson nació el 31 de enero de 1870 en el estado de Indiana. Su padre fue agricultor. Cuando niña, acostumbraba seguir a su padre alrededor de los corrales, observando cómo cuidaba a las vacas y a los caballos enfermos o heridos. Su padre la quería mucho. Le compraba regalos y pasaba horas conversando con ella y contestando todas sus preguntas.

Pero una parte del corazón de Susan siempre estaba triste porque añoraba tener una madre, pues sus padres estaban divorciados. Un día, cuando Susan tenía cinco años y su hermano John tres, su madre partió en un tren y nunca regresó. En los años 1800, muy pocos padres se divorciaban. Susan y John no conocían a otros niños que entendieran lo que significaba tener padres que se sintieran tan desdichados que no pudieran vivir juntos. Mientras hicieron frente a esta tristeza, Susan y John llegaron a ser muy buenos amigos.

La abuela de Susan vino a vivir con ellos; se hizo cargo de los quehaceres de la casa y ayudó a Apá a criar a sus dos hijos. Los amó y alentó de muchas maneras. Susan aprendió con ella a cocinar, limpiar y coser. Años más tarde, mantuvo tan bien cuidada y limpia su pequeña **cabaña** en la montaña, tan limpia, que practicaba cirugías en ella. Podía suturar una herida tan nítidamente que era difícil notar la cicatriz. Después de que la familia se mudó de la bella Indiana y volvió a establecerse en Kansas, Susan y su abuela compartieron memorias del estado donde Susan nació. Lo que mejor recuerdaba Susan de su abuela era cómo les enseñó a ella y a su hermano lo que era importante en la vida. Les dijo que trabajaran duro y que fueran los mejores en cualquier cosa que hicieran.

Apá estuvo de acuerdo. Él era un buen médico de animales, pero quería ser un médico de personas, sin embargo, nunca tuvo el tiempo ni el dinero para ir a la escuela de medicina; más bien, cuidó de los animales de la granja y deseaba que uno de sus hijos creciera para llegar a ser médico. La mayoría de los médicos eran hombres.

Apá pensaba que John, el hermano de Susan, no se esforzaba lo suficiente en la escuela como para llegar a ser un doctor, en cambio, se sentía muy orgulloso de lo trabajadora e inteligente que era su hija. Susan decidió ser **operadora de telégrafo** y aprendió el alfabeto especial de sonidos largos y cortos usados para enviar mensajes por hilos telegráficos, pero Apá le dijo que en lugar de eso, la enviaría a donde pudiera estudiar medicina.

Una estudiante sobresaliente

En esa época, la mayoría de los niños, especialmente las niñas, dejaban de asistir a la escuela después de terminar el octavo grado. No había muchas escuelas preparatorias. Los niños que vivían en el campo y querían continuar estudiando, frecuentemente tenían que buscar una familia cerca del pueblo o de la ciudad que les cobrara por vivir allí; pagar a las personas para vivir en sus hogares se llama **pensión**. Apá no quería enviar sola a Susan a hospedarse con extraños; quería que también John estudiara la preparatoria, a pesar de que pensaba que John no tendría éxito en la vida. Después de que Susan terminó el octavo grado, tuvo que esperar a que su hermano también terminara para ir juntos a la escuela preparatoria del pueblo.

En las escuelas del campo de aquellos tiempos, cualquiera que se hubiera desempeñado bien hasta el octavo grado podía enseñar. Por supuesto, Susan se desempeñó muy bien. Mientras esperaba a que John terminara el octavo grado, ella enseñaba en la misma pequeña escuela del pueblo donde fue estudiante. Entonces John y ella asistieron a la escuela preparatoria en Wichita, Kansas.

John y Susan se graduaron de la escuela preparatoria en 1891. Ese año, todo el pueblo hablaba del oro que fue descubierto en Cripple Creek, Colorado. Apá decidió que estaba cansado de ser padre soltero y de ser agricultor. Se casó con una mujer joven llamada Minnie y se mudó con su familia a una pequeña cabaña de madera cerca de la ciudad minera de Cripple Creek durante la época de la **fiebre del oro.** No se atrevía a excavar el suelo para encontrar oro por su cuenta; más bien, aplicó su conocimiento e inteligencia para convertirse en un hombre de negocios. Compró y vendió tierras y **derechos mineros**. Tuvo éxito y pudo mantener con facilidad a su familia.

Desafortunadamente, Minnie y Susan no se llevaban bien. Apá compraba regalos para Minnie y sus dos hijos. Minnie se encargó de que él y Susan no tuvieran tiempo para conversaciones largas. Susan estaba contenta de que al fin podía partir a la universidad. John también estaba feliz de alejarse, ya que continuamente Apá estaba en su contra. En 1893, John partió a California para estudiar **ingeniería** y Susan a la Universidad de Michigan para estudiar medicina.

Cortesía de DPL, Western History Collection, X-813

Cripple Creek, Colorado, en 1895. Alrededor de 1891, Papá Anderson se casó con otra mujer y se mudó a Cripple Creek, con toda su familia. Este pueblo se estaba haciendo famoso porque se había encontrado oro en las cercanías.

Finalmente se gradúa de doctora

Cincuenta años antes, Elizabeth Blackwell llegó a ser la primera mujer doctora en los Estados Unidos. Debido a su valentía y arduo trabajo, en 1893, ya era más fácil para las mujeres convertirse en doctoras. Una cuarta parte de los estudiantes de medicina companeras de Susan eran mujeres. Sin embargo, cuatro años después de haberse graduado, no le fue fácil encontrar pacientes que confiaran en una mujer doctora.

Al principio, regresó a Cripple Creek. Su padre no la ayudó a iniciarse en el ejercicio de su profesión; Minnie y los dos niños que formaron parte de la familia le absorbieron todo el dinero y su atención. Apá ni siquiera pagó los últimos dos años de estudios superiores de Susan. Ella tuvo que pedir dinero prestado a un amigo para continuar sus estudios. Trabajó duro por tres años

Cortesía de DPL, Western History Collection, Z-141

La doctora Susie, de 23 años de edad, de pie fuera de su cabaña en Cripple Creek, Colorado, justo antes de marcharse a la facultad de medicina. Su padre está sentado en el lado izquierdo de la cabaña.

para pagar el préstamo, comprar el equipo necesario para trabajar como doctora y demostrar a la gente del ocupado pueblo que ella era una buena doctora. En una ocasión, Susan le salvó el brazo a un joven minero a quien, un doctor varón, le había dicho que era necesario amputarlo. La gente acudía a ella con más frecuencia para recibir consejo y tratamiento médico.

A pesar del trato de su padre, la felicidad llegó a su vida. Disfrutó mucho de compartir tiempo con sus abuelos que vivían cerca. John regresó de California para ayudar a su padre con el negocio. Y lo mejor de todo, Susan se enamoró. Ella y su novio planearon casarse en marzo de 1900. Después, en una corta semana, toda su felicidad se vino abajo. Primero, en el día de su boda, el hombre a quien amaba la abandonó. Susan nunca supo la causa de su partida, pero pensó que fue por algo que tal vez su padre dijo; en esa misma época tiempo, falleció su querido hermano John. Estuvo muy enfermo y nadie le avisó a Susan hasta que era muy tarde para ayudarlo.

Una vida independiente

Ahora, Cripple Creek estaba lleno de recuerdos dolorosos. Susan decidió hacer una nueva vida alejada de Apá y de Minnie. Primero, viajó por todo el país con un hombre rico que estaba enfermo y necesitaba de alguien que lo cuidara; luego trató de ganarse la vida como médico en Denver. Mucha gente que estaba enferma de **tuberculosis**, una enfermedad que dificulta la respiración, vino a Denver con la esperanza de que el clima seco y frío los curara; pero en Denver ya había muchos médicos. Susan se desalentó de tal manera que renunció a su carrera. Por seis años, trabajó como enfermera en Greeley, Colorado, una ciudad agrícola en las llanuras.

La tristeza de Susan, su dificultad para ganarse la vida y el duro quehacer de enfermera, le impidieron mantenerse saludable; se debilitó tanto que tuvo que abandonar su trabajo. Decidió regresar a las montañas. En ese lugar, o bien se moriría de tuberculosis o se mejoraría y, una vez más, comenzaría una nueva vida.

En un día frío de diciembre de 1907, Susan hizo un viaje peligroso en tren al otro lado de la **División Continental** a la pequeña ciudad de Fraser, Colorado. Estaba tan enferma que tuvieron que transportarla en una **carretilla para equipaje.** Estuvo sola a excepción de la presencia de su pequeño perro blanco. Fraser sólo tenía 12 casas cuando Susan se

Cortesía de DPL, Western History Collection, X-8534

La doctora Susie se mudó a Fraser, Colorado, a ejercer medicina y curarse de la tuberculosis.

mudó. Allí cerca estaban los aserraderos, donde hombres fuertes cortaban **vigas** para construir casas para toda la gente que se mudaba a Colorado. También llegaban los **Ganaderos** que querían tomar el tren y comprar provisiones. Susan pasó unas pocas semanas en Fraser durante el verano y se hizo amiga del carnicero y de su esposa. Permaneció con ellos hasta encontrar una casa pequeñita cerca de las vías del tren. Las enormes locomotoras que remolcaban los trenes por las montañas empinadas hacían que temblara la pequeña casa y los silbidos del tren la despertaban bruscamente. A Susan no le importaba. Le encantaba la sensación de vivir su vida de la manera que ella quería.

Lentamente se fue fortaleciendo con el aire frío de la montaña. Los doctores en aquellos tiempos creían que, en ocasiones, respirar el aire limpio y seco de Colorado, aún cuando estaba a nivel de congelamiento, curaba la tuberculosis. A Susan le funcionó. Se sentaba al frente de su pequeña cabaña envuelta en mantas y miraba pasar a la gente del pueblo camino a su trabajo. Los **leñadores** talaban los árboles y los arrastraban hasta el pueblo a través de las praderas heladas. Los trabajadores del ferrocarril arreglaban los trenes y enganchaban las sopladoras de nieve gigantes para despejar las **avalanchas** fuera de las vías del tren. A medida que el clima cambiaba a templado, los trabajadores del **aserradero**

Cortesía de DPL, WHC, OP-11299

Un tren pasa por el Túnel Moffat. Los trenes como éste hacían estruendos al pasar a sólo unos pies de la casita de la doctora Susie, hasta que la compañía ferroviaria hizo que se mudara. Los habitantes de Fraser transformaron un antiguo granero en una nueva y amplia casa para ella.

comenzaban a cortar troncos en leña. Durante el verano y la primavera, los vaqueros venían a trabajar en los ranchos.

Cuando Susan se sintió ya más fuerte, comenzó a pensar en regresar a trabajar en lo que la apasionaba. Había aprendido acerca de **ungüentos** y vendajes, ya que observaba a su padre cuidar de los animales de la granja. En Fraser, su primer paciente fue un caballo herido gravemente con una cerca de **alambre de púas.**

Cortesía de History Colorado (10025816/F-17,643)

En 1947, la doctora Susie asistió a la quincuagésima (50ava) reunión de su escuela de Medicina, en la Universidad de Michigan.

Cuando la gente de Fraser se enteró de que era doctora, comenzaron a ir con ella. Pronto todos, hasta los toscos leñadores, le tenían confianza. Curó huesos rotos, asistió partos y ayudó a los niños a sobrellevar las fiebres altas y los ataques de tos.

La mayoría de sus pacientes eran pobres. Ayudó a todos, aunque no pudieran pagar. También les enseñaba acerca de la buena **nutrición** y cómo mantener limpios sus hogares. Todos la llamaban Doc Susie, y se enorgullecían de que ella hubiese escogido este pequeño pueblo para establecerse.

Más adelante, se convirtió en el oficial del condado, lo cual significaba que era la persona que llenaba los documentos oficiales cuando alguna persona fallecía. Este trabajo le proveía dinero suficiente para vivir cuando sus pacientes no le pagaban.

Doc Susie quería al pueblo de Fraser, tanto

como su gente la apreciaba a ella. Permaneció año tras año, observando los cambios de la ciudad a su alrededor. Cuando se construyó el Túnel Moffat para facilitar y asegurar el cruce de los trenes por las montañas, ella cuidó de los trabajadores de la obra. Cuando tenía 81 años, seguía siendo la única doctora en toda la zona.

Doc Susie tenía 90 años de edad cuando falleció. Fue enterrada cerca de la tumba de su hermano en Cripple Creek. Si actualmente viajas a Fraser, puedes visitar el museo Cozens Ranch y observar la estrecha mesa metálica donde ella examinaba algunos de sus instrumentos médicos y su Biblia. También puedes respirar el aire limpio de las montañas que le curó la tuberculosis, así como ver los bosques y praderas que ella tanto amaba.

Preguntas en qué pensar

- ¿Cómo superó la doctora Susie los prejuicios en contra de que las mujeres ejercieran medicina?
- ¿Qué terrible enfermedad casi acaba con la vida de la doctora Susie?
- La doctora Susie tuvo otros trabajos además del de médica de cabecera. ¿Cuáles fueron?

Preguntas para los Jóvenes Chautauquans

- ¿Por qué se me recuerda (o debo ser recordado) a través de la historia?
- ¿A qué adversidades me enfrenté y cómo las superé?
- ¿Cuál es mi contexto histórico? (¿Qué más sucedía en la época en que yo vivía?)

Glosario

Alambre de púas: alambre fuerte con puntas pequeñas que se usa para cercas y evitar la entrada o salida del ganado u otros animales.

Aserradero: lugar donde las grandes sierras cortan los árboles en tablas.

Avalanchas: grandes cantidades de hielo y nieve que se derrumban súbitamente de una montaña como un deslave.

Cabaña: construcción pequeña simple.

Carretilla para equipaje: carretilla usada para trasladar equipaje y paquetes pesados.

Derechos mineros: documentos legales que otorgan a los mineros el derecho para realizar actividades mineras de oro, plata u otros materiales preciosos en un terreno.

División Continental: cordillera elevada de montañas que separa las corrientes y ríos que fluyen hacia el Océano Pacífico de aquellos que fluyen hacia el Océano Atlántico. En Colorado, la División Continental separa la vertiente oriental de la vertiente occidental.

Fiebre del oro: época en la cual la gente se movía con prisa a un nuevo lugar después del descubrimiento del oro, anhelando hacerse rico. Además de la fiebre del oro de Cripple Creek, algunos lugares famosos de los Estados Unidos como la fiebre del oro de California en 1849, la fiebre del oro en Pikes Peak en 1858, y la fiebre del oro en Klondike en 1897 en Alaska.

Ganaderos: personas que crían ganado.

Ingeniería: estudio sobre la construcción de máquinas y edificios.

Leñadores: personas cuyo trabajo es talar los árboles.

Médico forense: es un doctor cuyo trabajo es determinar la causa de la muerte.

Nutrición: ciencia que estudia cuáles alimentos mantienen el cuerpo saludable.

Pensión: lugar donde se renta una habitación y se vive con los dueños de la casa.

Telégrafo: forma antigua para enviar mensajes a distancia. Un **operador de telégrafo** pulsaba un código de pitido corto y largo que viajaba a través de hilos telegráficos, como los cables del teléfono que se usan en la actualidad.

Tuberculosis: enfermedad que afecta los pulmones. Antes de la medicina oderna, las personas con frecuencia morían de esta enfermedad.

Ungüentos: sustancias suaves y grasosas que se untan en erupciones cutáneas para cicatrizar.

Vigas: tala de árboles para usar la madera en la construcción de casas y otras cosas.

Linea Cronológica

1849
Elizabeth Blackwell fue la primera mujer doctora en los Estados Unidos.

1870
Nació Susan Anderson 31 de enero.

1875
Los padres de Susan se divorciaron.

1891
Susan y John se graduaron de la Escuela Preparatoria Wichita.

1892
Apá se casó con Minnie y se mudó con la familia a Colorado.

1893
Susan inició los estudios de medicina en la Universidad de Michigan.

1897
Terminó la carrera de medicina y regresó a Colorado.

1900
Susan se fue de Cripple Creek después de que su prometido la abandoniara y falleciera su hermano John.

1907
Susan se trasladó a vivir a Fraser, Colorado.

1922
Comenzó la construcción del Túnel Moffat.

1928
Se inauguró oficialmente el Túnel Moffat.

1960
Doc Susie falleció en Denver
.

Bibliografía para el estudiante

Ellen's Place. "Doc Susie—High Country Physician." *Colorado Lore, Legend, and Fact.* http://www.ellensplace.net/hcg_fac3.html.

The Autry.org. "The LoDo Mural Project: Dr. Susan Anderson (1870–1960)." *Women of the West Museum.* http://www.autrynationalcenter.org/explore/exhibits/lodo/susan.htm.

"Doc Susie Photos." Fraser, Colorado. http://www.frasercolorado.com/index.aspx?page=29

Colorado Women's Hall of Fame. "Susan Anderson, MD." http://www.cogreatwomen.org/anderson.htm: updated June 30, 2008.

Bibliografía para el maestro sobre

Cornell, Virginia. *Doc Susie: The True Story of a Country Physician in the Colorado Rockies.* New York: Ivy Books, 1991.

Enss, Chris. *The Doctor Wore Petticoats: Women Physicians of the Old West.* Guilford, CT: TwoDot, 2006.

Robertson, Janet. *The Magnificent Mountain Women: Adventures in the Colorado Rockies.* Lincoln, NE: University of Nebraska Press, 1990.

Índice

Sobre esta serie

En 2008, Colorado Humanities y el Departamento de Estudios Sociales de las Escuelas Públicas de Denver (DPS) iniciaron una asociación para ofrecer el programa Young Chautauqua de Colorado Humanities en DPS y crear una serie de biografías de personajes históricos de Colorado escritas por maestros para jóvenes lectores. Al proyecto se le llamó "Writing Biographies for Young People." Filter Press se unió al esfuerzo para publicar las biografías en 2010.

Los maestros asistieron a seminarios, aprendieron de conferenciantes y autores Chautauqua de Colorado Humanities y recorrieron tres grandes bibliotecas de Denver: La Biblioteca Hart en History Colorado, el Departamento de Historia del Oeste/Genealogía de la Biblioteca Pública de Denver y la Biblioteca Blair-Caldwell de Investigaciones Afro-americanas. La meta era escribir biografías usando las mismas aptitudes que les pedimos a los estudiantes: identificar y ubicar fuentes de información de alta calidad para la investigación, documentar esas fuentes de información y seleccionar la información apropiada contenida en las fuentes de información.

Lo que tienes ahora en tus manos es la culminación de los esfuerzos de estos maestros. Con esta colección de biografías apropiadas para los jóvenes lectores, los estudiantes podrán leer e investigar por sí solos, aprender aptitudes valiosas para la investigación, y escribir a temprana edad. Mientras leen cada una de las biografías, los estudiantes obtienen conocimientos y aprecio por los esfuerzos y adversidades superadas por la gente de nuestro pasado, el período en el que vivieron y el porqué deben ser recordados en la historia.

El conocimiento es poder. Esperamos que este conjunto de biografías ayude a que los estudiantes de Colorado se den cuenta de la emoción que se siente al aprender historia a través de las biografías.

Se puede obtener información sobre esta serie de cualquiera de estos tres socios:
Filter Press en www.FilterPressBooks.com
Colorado Humanities en www.ColoradoHumanities.org
Escuelas Públicas de Denver en http://curriculum.dpsk12.org

Reconocimientos

Colorado Humanities y las Escuelas Públicas de Denver hacen un reconocimiento a las muchas personas y organizaciones que ha contribuido para hacer realidad la serie Grandes vidas en la Historia de Colorado. Entre ellas se encuentran:

Los maestros que aceptaron el reto de escribir las biografías

Margaret Coval, Directora Ejecutiva de Colorado Humanities

Josephine Jones, Directora de Programas de Colorado Humanities

Betty Jo Brenner, Coordinadora de Programas de Colorado Humanities

Michelle Delgado, Coordinadora de Estudios Sociales para kindergarten a 5º grado, de las Escuelas Públicas de Denver

Elma Ruiz, Coordinadora de Estudios Sociales 2005-2009, para kindergarten a 5º grado, de las Escuelas Públicas de Denver

Joel' Bradley, Coordinador de Proyectos de las Escuelas Públicas de Denver

El equipo de Servicios de Traducción e Interpretación, de la Oficina de Enlaces Multiculturales de las Escuelas Públicas de Denver

Nelson Molina, Preparador/entrenador del programa de Capacitación Profesional de ELA y Persona de Enlace Escolar de las Escuelas Públicas de Denver

John Stansfield, narrador de cuentos, escritor y líder experto del Instituto para maestros

Tom Meier, autor e historiador de los Arapaho
Celinda Reynolds Kaelin, autora y experta en la cultura Ute
National Park Service, Sitio Histórico Nacional Bent's Old Fort
Daniel Blegen, autor y experto en Bent's Fort
Biblioteca de Investigaciones Afroamericanas Blair-Caldwell
Coi Drummond-Gehrig, Departamento de Historia/Genealogía Occidental de la Biblioteca Pública de Denver
Jennifer Vega, Biblioteca Stephen H., de History Colorado
Dr. Bruce Paton, autor y experto Zebulon Pike
Dr. Tom Noel, autor e historiador de Colorado
Susan Marie Frontczak, oradora chautauqua y capacitadora de la Juventud Chautauqua
Mary Jane Bradbury, oradora chautauqua y capacitadora de la Juventud Chautauqua
Dr. James Walsh, orador chautauqua y capacitador de la Juventud Chautauqua
Richard Marold, orador chautauqua y capacitador de la Juventud Chautauqua
Doris McCraw, autora y experta en materia de Helen Hunt Jackson
Kathy Naples, oradora chautauqua y experta en materia de Doc Susie
Tim Brenner, editor
Debra Faulkner, historiadora y archivista, Hotel Brown Palace
Kathleen Esmiol, autora y oradora del Instituto de Maestros Vivian Sheldon Epstein, autora y oradora del Instituto de Maestros

Doc Susie

Mountain Doctor

Doc Susie

Mountain Doctor

by Penny Cunningham

Filter Press, LLC
Palmer Lake, Colorado

Doc Susie:
Mountain Doctor

by Penny Cunningham

Published by Filter Press, LLC, in cooperation with
Denver Public Schools and Colorado Humanities

ISBN: 978-086541-113-5
LCCN: 2010937191

Produced with the support of Colorado Humanities and the National Endowment for the Humanities. Any views, findings, conclusions, or recommendations expressed in this publication do not necessarily represent those of the National Endowment for the Humanities or Colorado Humanities.

Cover photograph courtesy History Colorado (10025815).

Printed in the United States of America

Great Lives in Colorado History Series

For information on upcoming titles,
contact *info@FilterPressBooks.com.*

Helen Hunt Jackson by E. E. Duncan

Little Raven by Cat DeRose

Barney Ford by Jamie Trumbull

Doc Susie by Penny Cunningham

Enos Mills by Steve Walsh

William Bent by Cheryl Beckwith

Charles Boettcher by Grace Zirkelbach

Ralph Carr by E. E. Duncan

Josephine Aspinall Roche by Martha Biery

Robert Speer by Stacy Turnbull

Chief Ouray by Steve Walsh

Zebulon Pike by Steve Walsh

Clara Brown by Suzanne Frachetti

Contents

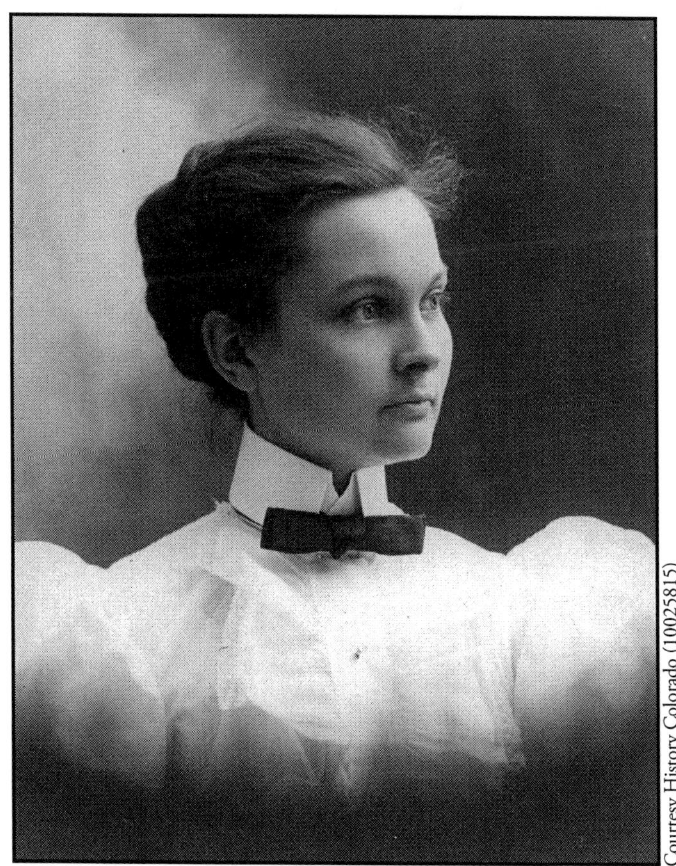

Courtesy History Colorado (10025815)

Susan Anderson at age 27, the year she graduated from medical school.

Pa's Pride and Joy

Susan Anderson was born January 31, 1870, in Indiana. Her father was a farmer. When she was a little girl, she followed her Pa around the farmyard, watching as he took care of sick or hurt cows and horses. Susan's father loved her very much. He bought her presents and spent hours talking to her and answering all her questions.

A corner of Susan's heart was always sad because she missed having a mother. Susan's parents were divorced. One day, when Susan was five and her brother John was three, their mother left on a train and never came back. In the 1800s, very few parents were divorced. Susan and John did not know other children who understood what it was like to have parents who were so unhappy that they could not live together any more. Susan and John became close friends as they faced this sadness together.

Susan's grandmother came to live with them. She took care of the house and helped Pa raise his two children. She loved them and encouraged them in many ways. Susan learned to cook and clean and sew. In later years, Susan kept her rough little mountain **shack** spotless enough to perform surgery. After the family moved away from beautiful Indiana and resettled in Kansas, Susan and her grandmother shared their memories of the state where Susan was born. What Susan remembered best about her grandmother, though, was how she taught her and her brother what was important in life. She told them to work hard and be the best they could be at whatever they did.

Pa agreed. He was a good animal doctor, but he wanted to be a doctor for people. He never had the time or money to go to medical school. Instead, he took care of his farm animals and hoped that one of his children would grow up to be a doctor. Most doctors

were men. There were few women doctors. Pa thought Susan's brother, John, did not work hard enough in school to become a doctor. Pa was proud of how hard Susan worked and how smart she was. Susan wanted to be a **telegraph** operator and learned the special alphabet of long and short beeps used to send messages over telegraph wires. However, Pa told her that she was going to be a doctor instead. He would send her to college where she would study medicine.

A Top Student

When Susan was growing up, most children, especially girls, stopped going to school after they finished eighth grade. There were not very many high schools. Children who lived in farm country and wanted to go to high school often had to find a family in a nearby town or city that would let them pay to live with them. Paying people to live in their homes is called **boarding**. Pa did not want to send Susan to board with strangers all by herself. He wanted John to also have a high school education, even though he did not think John was going to be successful in life. After Susan finished eighth grade, she had to wait for her brother to catch up, so they could go to high school in town together.

At that time, country schools could be taught by anyone who had done well in school up to eighth grade. Susan, of course, had done very well. While she waited for John to finish

eighth grade, she taught in the same small country school where she had been a student. Then she and John went to high school in Wichita, Kansas.

John and Susan graduated from high school in 1891. That year, the whole country was talking about the gold that was discovered in Cripple Creek, Colorado. Pa decided he was tired of being a single father and tired of being a farmer. He married a young woman named Minnie and moved his whole family into a small log cabin near the **gold rush** town of Cripple Creek. He did not try to dig gold out of the ground himself. Instead, he used his knowledge and intelligence to become a businessman. He bought and sold land and **mining claims**. He was successful and could easily support his family.

Unfortunately, Minnie and Susan did not get along well. Minnie made sure that he and Susan did not have any more time for long

talks. Susan was glad when she could finally leave for college. John, too, was happy get away from Pa's constant disapproval. In 1893, John went to California to learn **engineering,** and Susan went to the University of Michigan to become a doctor.

Courtesy of DPL, Western History Collection, X-813

Cripple Creek, Colorado, in 1895. Around 1891, Pa Anderson remarried and moved the whole family to Cripple Creek. This town was becoming a popular place because gold was found near there.

A Doctor at Last

Less than 50 years earlier, Elizabeth Blackwell became the first woman doctor in the United States. Because of her courage and hard work, it was much easier in 1893 for women to become doctors. One-fourth of the medical students who studied with Susan were women. Still, after she graduated four years later, it was not always easy for her to find patients who trusted a woman doctor.

At first, she returned to Cripple Creek. Her father did not help her get started as a doctor. Minnie and the two children she had added to the family took all his money and attention. Pa did not even pay for Susan's last two years of college. She had to borrow money from a friend to stay in school. For three years, Susan worked hard to pay back the loan, buy the equipment she needed as a doctor, and show the people of the busy town that she was a good doctor. Once, she saved

Courtesy of DPL, Western History Collection, Z-141

Doc Susie, 23 years old in this picture, is standing outside her cabin in Cripple Creek, Colorado, right before she left to go to medical school. Her father is sitting on the left side of the cabin.

the arm of a young miner who had been told by a male doctor that his arm would have to be cut off. She could sew together a wound so neatly that the scar hardly showed. People came to her for medical advice and treatment more and more often.

Happiness came into her life despite the way her father treated her. She enjoyed spending time with her grandparents, who lived nearby. John came back from California to

help his father with the business. Best of all, Susan fell in love.

She and her boyfriend planned to get married in March 1900. Then in one short week, all her happiness was taken away. First, on the day of their wedding, the man she loved left her. Susan never knew why he left, but she thought it was something her father said to him. At the same time, her dear brother John died. He was very sick, but no one told Susan until he was so sick that she could not help him.

An Independent Life

Now Cripple Creek was full of sad memories. Susan decided to build a life of her own, far away from Pa and Minnie. First, she traveled around the country with a rich man who was sick and needed someone to take care of him. Then she tried to make a living as a doctor in Denver. Many people who were sick with **tuberculosis**, a disease that makes it hard to breathe, came to Denver hoping that the dry, cold climate would cure them. However, Denver already had too many doctors. Susan became so discouraged that she gave up being a doctor. For six years, she worked as a nurse in Greeley, Colorado, a farming town on the plains.

Susan's sadness, her struggle to make a living on her own, and the hard work of being a nurse made it hard for her to stay healthy. Susan became so sick that she had to quit her job. She decided to return to the mountains.

There, either she would die from tuberculosis, or she would get better and start her life again.

One cold December day in 1907, she took a dangerous train trip over the **Continental Divide** to the small town of Fraser, Colorado. She was so sick that she had to be carried to the train on a **baggage cart.** She was alone except for her small white dog.

Fraser had only 12 houses when Susan moved there. Nearby were lumber camps where

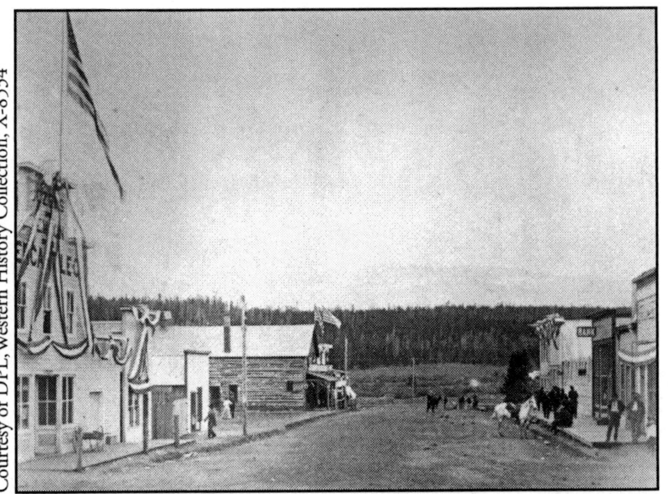

Courtesy of DPL, Western History Collection, X-8534

Doc Susie moved to Fraser, Colorado, to practice medicine and cure her tuberculosis.

rough men cut **timber** to build houses for all the people moving to Colorado. **Cattle ranchers** also came to Fraser to meet the train and buy supplies. Susan spent a few weeks in Fraser during the summer and made friends with the butcher and his wife. She stayed with them until she found a tiny house next to the train tracks. Huge engines that pulled trains over the steep mountains made her little house shake, and train whistles blasted her awake. Susan did not mind. She loved the feeling that she could live her own life the way she wanted to.

Slowly, she gained her strength in the cold mountain air. At that time, doctors believed that breathing Colorado's clean, dry air, even when it was below freezing, could sometimes cure tuberculosis. For Susan, it worked. She sat in front of her little shack wrapped in blankets and watched the people of the town go about their business. The **lumberjacks** cut trees and dragged them into town across the

frozen meadows. Railroad men fixed the trains and hooked up the gigantic snow blowers to clear **avalanches** off the tracks. As the weather got warmer, the **sawmill** workers started cutting logs into lumber. Cowboys came looking for spring and summer work on the ranches.

When Susan felt stronger, she began to think about going back to the work she loved. She had first learned about **ointments** and bandages by watching her father take care of his farm animals. In Fraser, her first patient

Courtesy of DPL, WHC, OP-11299

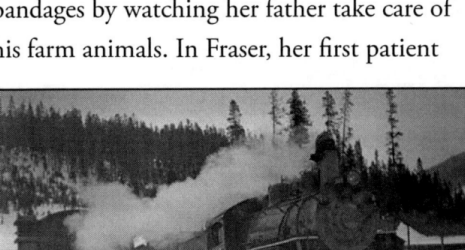

A train comes through Moffat Tunnel. Trains such as this one rumbled past just a few feet from Doc Susie's tiny home until the railroad made her move. The people of Fraser turned an old barn into a roomy new home for her.

was a horse that had been badly cut on a **barbed wire** fence.

Once the people of Fraser learned that she was a doctor, they began coming to her. Soon everyone, even the rough lumberjacks, trusted the woman doctor. She set broken bones, delivered babies, and helped children make it through high fevers and coughing fits.

Almost all her patients were poor. She helped everyone, even if they could not pay. She also taught them about good **nutrition** and how

Courtesy History Colorado (10025816/F-17,643)

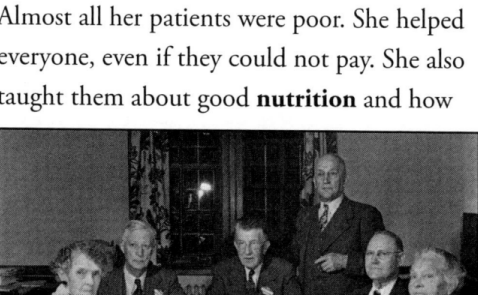

In 1947, Doc Susie went to her 50th medical school reunion at the University of Michigan.

to keep their homes clean. Everyone called her Doc Susie, and they were glad she had chosen their small town for her home.

Later, she became the county **coroner**, which means she filled out official papers when someone died. That job gave her enough money to live on when her patients could not pay.

Doc Susie loved the town of Fraser as much as the people there loved her. She stayed year after year, watching the town change around her. When the Moffat Tunnel was built to make it much easier and safer for trains to cross the mountains, she took care of the workers who built it. When she was 81 years old, she was still the only doctor for miles around.

Doc Susie was 90 years old when she died. She was buried near her brother's grave in Cripple Creek. If you travel to Fraser today,

you can visit the Cozens Ranch Museum and see her narrow metal examining table, some of her medical instruments, and her Bible. You can also breathe in the clean mountain air that cured her tuberculosis and see the forests and meadows that she loved so well.

Questions to Think About

- How did Doc Susie overcome prejudice against women practicing medicine?
- What terrible disease did Doc Susie have that almost ended her life?
- Doc Susie held jobs other than family physician. What were they?

Questions for Young Chautauquans

- Why am I (or should I be) remembered in history?
- What hardships did I face and how did I overcome them?
- What is my historical context (what else was going on in my time)?

Glossary

Avalanches: large amounts of ice and snow that suddenly move down a mountain like a landslide.

Baggage cart: cart used to move heavy suitcases and packages.

Barbed wire: strong wire with small sharp spikes used for fences to keep cattle or other animals from getting in or out.

Boarding: paying people to live in their homes.

Cattle ranchers: people who raise cattle.

Continental Divide: ridge of high mountains that separates streams and rivers that flow to the Pacific Ocean from those that flow to the Atlantic Ocean. In Colorado, the Continental Divide separates the Eastern Slope from the Western Slope.

Coroner: doctor whose job is to determine the cause of death.

Engineering: study of how to build machines and buildings.

Gold rush: time when many people suddenly move to a new place after gold is discovered, hoping to get rich. Besides the Cripple Creek gold rush, famous gold rushes of the United States include the California gold rush of 1849, the Pike's Peak gold rush of 1858, and the Klondike gold rush of 1897 in Alaska.

Lumberjacks: persons whose job is to cut down trees.

Mining Claims: official papers that give miners the right to mine for gold, silver, or other precious minerals on a piece of land.

Nutrition: science that studies which foods our bodies need to stay healthy.

Ointments: smooth greasy substances put on cuts or rashes to heal them.

Sawmill: place where large saws cut trees into boards.

Shack: small simple building.

Telegraph: early way to send messages over long distances. A **telegraph operator** tapped a code of long and short beeps that traveled over wires like the telephone wires used today.

Timber: trees cut to use the wood to build houses and other things.

Tuberculosis: disease that affects the lungs. Before modern medicine, people often died from it.

Timeline

1849
Elizabeth Blackwell became the first American woman doctor.

1870
Susan Anderson born January 31.

1875
Susan's parents divorced.

1891
Susan and John graduated from Wichita High School.

1892
Pa married Minnie and moved the family to Colorado.

1893
Susan began to study medicine at the University of Michigan.

1897
Susan finished medical school and returned to Colorado.

1900
Susan left Cripple Creek after her fiancé left her and her brother John died in March.

1907
Susan moved to Fraser, Colorado.

1922
Construction began on the Moffat Tunnel.

1928
Moffat Tunnel officially opened in February.

1960
Doc Susie died in Denver.

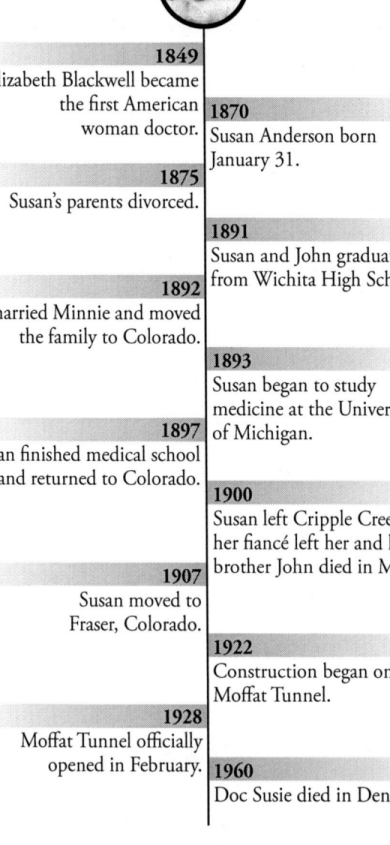

Student Bibliography

Ellen's Place. "Doc Susie—High Country Physician." *Colorado Lore, Legend, and Fact.* http://www.ellensplace.net/hcg_fac3.html.

The Autry.org. "The LoDo Mural Project: Dr. Susan Anderson (1870–1960)." *Women of the West Museum.* http://www.autrynationalcenter.org/explore/exhibits/lodo/susan.htm.

"Doc Susie Photos." Fraser, Colorado. http://www.frasercolorado.com/index.aspx?page=29

Colorado Women's Hall of Fame. "Susan Anderson, MD." http://www.cogreatwomen.org/anderson.htm: updated June 30, 2008.

Teacher Bibliography

Cornell, Virginia. *Doc Susie: The True Story of a Country Physician in the Colorado Rockies.* New York: Ivy Books, 1991.

Enss, Chris. *The Doctor Wore Petticoats: Women Physicians of the Old West.* Guilford, CT: TwoDot, 2006.

Robertson, Janet. *The Magnificent Mountain Women: Adventures in the Colorado Rockies.* Lincoln, NE: University of Nebraska Press, 1990.

Index

About This Series

In 2008, Colorado Humanities and Denver Public Schools' Social Studies Department began a partnership to bring Colorado Humanities' Young Chautauqua program to DPS and to create a series of biographies of Colorado historical figures written by teachers for young readers. The project was called "Writing Biographies for Young People." Filter Press joined the effort to publish the biographies in 2010.

Teachers attended workshops, learned from Colorado Humanities Chautauqua speakers and authors, and toured three major libraries in Denver: The Hart Library at History Colorado, the Western History/Genealogy Department in the Denver Public Library, and the Blair-Caldwell African American Research Library. Their goal was to write biographies using the same skills we ask of students: identify and locate high-quality sources for research, document those sources, and choose appropriate information from the resources.

What you hold in your hands now is the culmination of these teachers' efforts. With this set of age-appropriate biographies, students will be able to read and research on their own, learning valuable skills of research and writing at a young age. As they read each biography, students gain knowledge and appreciation of the struggles and hardships overcome by people from our past, the time period in which they lived, and why they should be remembered in history.

Knowledge is power. We hope this set of biographies will help Colorado students know the excitement of learning history through biography.

Information about the series can be obtained from any of the three partners:
Filter Press at www.FilterPressBooks.com
Colorado Humanities at www.ColoradoHumanities.org
Denver Public Schools at http://curriculum.dpsk12.org

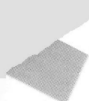

Acknowledgments

Colorado Humanities and Denver Public Schools acknowledge the many contributors to the Great Lives in Colorado History series. Among them are the following:

The teachers who accepted the challenge of writing the biographies
Margaret Coval, Executive Director, Colorado Humanities
Josephine Jones, Director of Programs, Colorado Humanities
Betty Jo Brenner, Program Coordinator, Colorado Humanities
Michelle Delgado, K–5 Social Studies Coordinator, Denver Public Schools
Elma Ruiz, K–5 Social Studies Coordinator, Denver Public Schools, 2005–2009
Joel' Bradley, Project Coordinator, Denver Public Schools
Translation and Interpretation Services Team, Multicultural Outreach Office, Denver Public Schools
Nelson Molina, ELA Professional Development Trainer/Coach and School Liaison, Denver Public Schools
John Stansfield, storyteller, writer, and Teacher Institute lead scholar
Tom Meier, author and Arapaho historian

Celinda Reynolds Kaelin, author and Ute culture expert
National Park Service, Bent's Old Fort National Historic Site
Daniel Blegen, author and Bent's Fort expert
Blair-Caldwell African American Research Library
Coi Drummond-Gehrig, Denver Public Library, Western History/Genealogy Department
Jennifer Vega, Stephen H. Hart Library, History Colorado
Dr. Bruce Paton, author and Zebulon Pike expert
Dr. Tom Noel, author and Colorado historian
Susan Marie Frontczak, Chautauqua speaker and Young Chautauqua coach
Mary Jane Bradbury, Chautauqua speaker and Young Chautauqua coach
Dr. James Walsh, Chautauqua speaker and Young Chautauqua coach
Richard Marold, Chautauqua speaker and Young Chautauqua coach
Doris McCraw, author and Helen Hunt Jackson subject expert
Kathy Naples, Chautauqua speaker and Doc Susie subject expert
Tim Brenner, editor
Debra Faulkner, historian and archivist, Brown Palace Hotel
Kathleen Esmiol, author and Teacher Institute speaker
Vivian Sheldon Epstein, author and Teacher Institute speaker